# 食堂いちじくの精進おつまみ

尾崎史江

# はじめに

春の山菜のほろ苦さやえぐみ。
初夏のそら豆やえんどう豆の、やわらかなうまみ。
夏の陽射しを浴びたなすやゴーヤー、万願寺唐辛子の味の濃さ。
収穫の秋の、木の実やきのこの個性ある味わい。
土の香りがただよう冬の根菜。

精進料理を作っていると、素材それ自体が持つ味わいや香りを
ハッと再認識させられることがあります。
ふだんなら味の〝足し算〟をしてしまいそうなところ、
限られた植物性の素材だけを使い、その持ち味を生かす味つけ、
調理法を心がけるようになるからです。

盛りの野菜には、余計な味つけをしなくても、
充分にお酒に寄り添ってくれる力強さがあります。
この本では、そんな旬菜や、滋味深い乾物の力を借りた
シンプルで作りやすく、身体にやさしい、
それでいて満足感のあるおつまみをご紹介します。

「般若湯《はんにゃとう》」という言葉があります。
修行僧たちの間で広まった「お酒」を意味する隠語です。
高野山の僧侶が、寒い冬に身体を温めるために飲んだと言われています。
彼らも旬菜や乾物の滋味をつまみに、季節の移ろいを楽しみながら
お酒をたしなんでいたのではないでしょうか。

晩酌の肴に、ごはんのお供に、小腹がすいたときのおやつに。
いろんな場面で、精進おつまみの魅力を
味わっていただけたらうれしいです。

尾崎史江

# この本で使う調味料のこと

調味料は基本的に手に入りやすいもの、お好みの味わいのものでかまいませんがここでは、私がふだん使っているものをご紹介します。いずれも、自然食品のお店やインターネット等で購入できます。

## 精進おつまみの「味の決め手」になる3つのもの

動物性食品を使わない精進料理では、使える食材や調味料が限られますが、そんな中でぜひ揃えていただきたいのが、「味の決め手」になるこの3つの調味料。味がビシッと決まって、少ない調味料でも奥行きをもたらしてくれるんです。

### ① 白みそ

料理にコクのあるうまみと、自然な甘みを与えてくれる白みそ。卵に似た風味もあるので、豆腐マヨネーズ(p.45)やグラタンのホワイトソース(p.47)にも欠かせません。適度な粘度があるため、あえものにも重宝。素材の色を邪魔しないのも、うれしいポイントです。写真の「石野の特醸白味噌」は、コクがあってお気に入り。熟成期間などにより味わいに違いがありますが、好みのメーカーのものでかまいません。

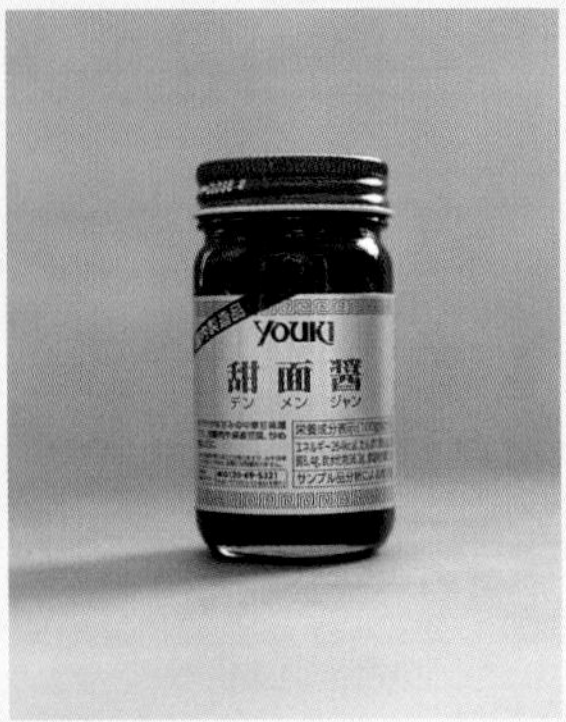


### ② 甜麺醤《テンメンジャン》

甜麺醤は中華の甘みそ。田楽みそのかわりにもなりますし、少量でも味が決まりやすく、ごま油と組み合わせると本格的な味わいの中華つまみがあっという間にでき上がります。本書では、大根と春雨の春巻き(p.18)や車麩のルーロー飯風(p.62)などに使用。肉みそもどき(p.80)の味のかなめにもなっています。私はスーパーマーケットで入手しやすい、ユウキ食品の「甜麺醤」を愛用。

### ③ 黒酢

独特のうまみと深み、ほのかな甘み、芳醇な香りが特徴の黒酢。米酢だとさっぱりしてしまうところ、黒酢を使うと奥行きが出て、“飲める”味わいになると思います。あえ衣に使ったり、餃子のつけだれに使ったり(p.70)、精進つまみに不可欠のアクセント。ごま油＋黒酢も相性がよく、そのおいしさはゴーヤーのおからあえ(p.74)で実感していただけると思います。私は飯尾醸造の「富士玄米黒酢」を常備。

# そのほかの調味料

## ごま油、太白ごま油、オリーブ油、米油（写真左から）

コクや香りを生かしたいときにはごま油を、素材の香りや味を引き立てたいあえものなどには無味無臭の太白ごま油を、洋風のおつまみにはオリーブ油を、炒めものや揚げものには米油を、と使い分けています。

## 酒、米酢、みりん、濃口しょうゆ、薄口しょうゆ（写真左から）

酒もみりんも、飲んでみておいしいものを選ぶようにしています。酢は酸味がマイルドな村山造酢の「千鳥酢」がお気に入り。しょうゆは、通常は濃口を使用しますが、おひたしなど素材の色を生かしたい料理には淡い色の薄口しょうゆを使っています。

## みそ、きび砂糖、塩（写真左から）

みそは、酵母や乳酸菌が生きている生みそを使用。写真は生活クラブの「国産十割こうじみそ」です。砂糖はまろやかな甘さのきび砂糖を。塩は、サラサラとした精製塩ではなく、ミネラルたっぷりの自然塩を使ってみてください。写真はフランスの「ゲランドの塩」の細粒タイプ。海水由来の複雑なうまみがあります。

# 目次



## 1章 手に入りやすい いつもの野菜で



## 2章 季節を愛でる 旬菜で

## 3章 しみじみおいしい 乾物・大豆製品で

## ［精進料理の考え方］

もともとは修行僧のための料理であったとされる
精進料理は、殺生と煩悩への刺激を避けた料理です。
肉や魚介類、乳製品、卵といった
動物性の食材を使わないという点で
ベジタリアンやヴィーガンと共通しますが、
野菜の中でも五葷《ごくん》（五辛）と言われる
「長ねぎ、玉ねぎ、にんにく、らっきょう、にら」を
避けること、また動物だけでなく植物にも命があり、
その尊い命をいただくという考えから
いっさいの食材を無駄にしないこと、
といった仏教の理念が根底にあることが大きな特徴です。

## [ だしのこと ]

**a _ 昆布だし**（水だし）

保存容器に昆布 10ｇと水 1ℓ を入れ、冷蔵庫でひと晩おく。味を見て、薄ければ鍋に移し、煮立たせないよう弱火でうまみが出るまで煮出し、昆布を取り除く。だしをとったあとの昆布は佃煮にするとおいしい。

＊冷蔵で２～３日保存可能。ファスナーつき保存袋に入れて冷凍してもよい。

**b_ 干ししいたけだし**（干ししいたけのもどし方）

保存容器に干ししいたけ大１枚と水１カップを入れ、冷蔵庫でひと晩おく。急ぐときは電子レンジを使用してもよい。干ししいたけと水を耐熱容器に入れてラップをかけ、電子レンジで２分 30 秒ほど加熱する。ラップをしたまま粗熱がとれるまで 10 分ほどおく。

＊もどし汁はだしとして、もどしたしいたけは料理に使う。

＊冷蔵で２～３日保存可能。ファスナーつき保存袋に入れて冷凍してもよい。

a

b

## [ この本の決まりごと ]

・小さじ１は5mℓ、大さじ１は 15mℓ、１カップは 200mℓ です。
　材料の重量は、基本的に正味重量（皮やへたなどを除いたあとの重さ）で示しています。
・野菜は特に記載のない限り、洗ったり、皮や種、へたなどを除いてからの手順を表記しています。
　電子レンジは 600Ｗ のものを使用しました。加熱時間は目安です。
　機種や使用年数により多少の違いがありますので、様子を見て加減してください。
・「塩ゆで」は、塩分 1％の湯でゆでています（湯３カップなら塩 6g）。
　塩ゆでにより下味が入り、素材の輪郭がはっきりします。
・豆腐の水きり：レシピ中の「軽く水けをきる」は、豆腐の重量の１割減を目安としています
　（200ｇの豆腐なら 180ｇになるくらいまで水きりをしてください）。

# 1章

# 手に入りやすい いつもの野菜で

年間を通して入手しやすい、
野菜やきのこを使って。
もちろん、それぞれに旬はありますが、
ここでは一年中さほど状態が変わらず、
おいしくいただける食材を選びました。
飲みながらでも作れる気軽さも魅力です。

まったりとコクのある
ピーナッツペーストをあえ衣に。
時間がたっても水っぽくならず、
味がぼやけないので、
作っておけるおつまみです。

## ブロッコリーの
## ピーナッツ酢みそあえ

**材料**（2人分）
ブロッコリー　大 1/2 個（150g）
▶ あえ衣
ピーナッツペースト（無糖）　大さじ 1
白みそ　小さじ2
米酢　大さじ1/2
しょうゆ　小さじ2/3
きび砂糖　小さじ1/2
練りがらし　小さじ1/3

1. ブロッコリーは小房に分け、茎の部分は薄切りにする。塩ゆでし、粗熱をとる。
2. ボウルにあえ衣の材料を入れて泡立て器で混ぜ、**1** を加えてあえる。

# にんじん

梅の酸味を効かせて、
〝飲ませる〟きんぴらに。
にんじんはピーラーでひらひらの
薄切りにすることで、
味がからみやすくなります。
スパークリングワインでも、日本酒でも。

## にんじんの梅きんぴら

**材料**（2人分）
にんじん　1/2本（80g）
ごま油　小さじ1
▶梅だれ（混ぜる）
　梅干し（種を除いてたたく）　小1個
　酒　小さじ2
　みりん　大さじ1/2
　しょうゆ・きび砂糖　各小さじ1/3

1. にんじんはピーラーで薄切りにする。
2. フライパンにごま油を中火で熱し、**1**をしんなりするまで炒める。梅だれを加え、からめながら汁けをとばす。

# ごぼう、きゅうり、ほうれん草

## ごぼうとみつばのごまびたし

**材料**（2人分）
ごぼう（あれば新ごぼう）
　小1本（80g）
みつば　1/2束
**A**
　昆布だし　120mℓ
　薄口しょうゆ・みりん　各大さじ1
白ごまペースト　大さじ1
白すりごま　大さじ1

**1.** 鍋に**A**を入れてさっと煮立たせ、冷ましておく。

**2.** ごぼうは皮つきのままよく洗い、ピーラーで薄切りにする。酢水に2〜3分さらしてから2分ほど塩ゆでし、ざるにあげる。みつばはさっと塩ゆでして冷水にとり、水けを絞って3cm長さに切る。

**3.** ボウルに白ごまペーストを入れ、**1**を少しずつ加え、だまにならないようそのつど泡立て器でよく混ぜる。**2**をひたしてごまをふり、15分ほどおく。

## きゅうりとセロリのマスタードマリネ

**材料**（2人分）
きゅうり　1本
セロリ　1/2本（40g）
▶マリネ液
　オリーブ油　大さじ1
　米酢　大さじ1/2
　粒マスタード　小さじ1/2

**1.** きゅうりは小口切りにする。セロリは斜め薄切りにし、葉があれば2〜3枚刻む。ボウルに合わせ、塩小さじ1/4（分量外）をふって混ぜ、2〜3分おいてしっかり水けを絞る。

**2.** ボウルにマリネ液の材料を入れて泡立て器で混ぜ、**1**を加えてあえる。

## ほうれん草のコチュジャンあえ

**材料**（2人分）
ほうれん草　1/2束（100g）
しょうが　1かけ
刻みのり　2g
▶あえ衣
　コチュジャン　小さじ3/4
　ごま油　小さじ1
　しょうゆ　小さじ1弱
　きび砂糖　小さじ1/2
　白すりごま　大さじ1/2

**1.** ほうれん草は塩ゆでし、冷水にとって水けをしっかり絞り、3cm長さに切る。しょうがはせん切りにする。

**2.** ボウルにあえ衣の材料を入れてゴムべらで混ぜ、**1**とのりを加えてあえる。

あれば新ごぼうを使うと
香りよくやわらか。
ごまペーストとすりごまの
ダブル使いで、濃厚に仕上げます。

さわやかな香りに、
ポリポリの食感も小気味よい。
キリッと冷やした白ワインと
合わせたい一品。

のりを加えることで、
お酒が進む濃厚な味わいに。
コチュジャンがピリッと
味を引き締めます。

# じゃがいも

## じゃがいものコチュジャン煮

コチュジャンは、
ピリッとした辛さだけでなく
味に奥行きをもたらしてくれます。
ついビールに手が伸びてしまう一品です。

**材料**（2人分）
じゃがいも　中2個（正味180g）
ごま油　小さじ1
**A**
水　1/2カップ
酒　大さじ1
コチュジャン　小さじ1弱
みそ　小さじ1
きび砂糖　小さじ2
しょうゆ　大さじ1/2

**1.** じゃがいもは皮をむき、1.5cmの角切りにする。

**2.** 小鍋にごま油を中火で熱し、**1**を炒める。油がまわったら**A**を加え、落としぶたをして煮る。煮汁がほぼなくなったら木べらで混ぜながら水けをとばし、火を止める。

# じゃがいものフライ しば漬けタルタル添え

**材料**（2人分）
じゃがいも　小5～6個（40～50g）
小麦粉・パン粉・揚げ油　各適量
▶ しば漬けタルタル
絹ごし豆腐（軽く水けをきったもの）50g
白みそ　25g
白ごまペースト　大さじ1/2
レモン汁　小さじ1/2
しば漬け（p.54、市販品でもよい）　20g

**1.** しば漬けタルタルを作る。しば漬けは刻む。しば漬け以外の材料をミキサーにかけてなめらかにし、しば漬けを加えて混ぜ、塩（分量外）で味をととのえる。
＊仕上がりのなめらかさは異なるが、泡立て器で混ぜるだけでもよい。

**2.** じゃがいもは皮つきのままよく洗い、蒸気の上がった蒸し器で15分ほど、竹串がスッと通るまで蒸す（またはぬれたまま1個ずつラップで包み、電子レンジで3分ほど加熱する）。粗熱をとって皮をむき、小麦粉を薄くまぶす。

**3.** 小麦粉適量をボウルに入れ、水を加えて泡立て器で生クリームくらいの濃度に溶く。**2**をくぐらせ、パン粉をまぶす。

**4.** 揚げ油を180℃に熱し、**3**をきつね色になるまで揚げ、**1**を添える。
＊しば漬けタルタルは、ほかのフライにもよく合う。ゆで野菜とあえるのもおすすめ。

# かぼちゃ

## かぼちゃの豆乳マヨサラダ

**材料**（2人分）
かぼちゃ　150g
くるみ　15g
豆乳マヨネーズ（下記参照）　適量

1. かぼちゃは蒸気の上がった蒸し器で 10 分ほど、竹串がスッと通るまで蒸し（またはラップをかけて電子レンジで 3 ～ 4 分加熱し）、粗熱をとって 2cm 角に切る。くるみはからいりし、刻む。
2. ボウルに **1** を合わせ、豆乳マヨネーズを加えてあえる。器に盛り、好みでカイエンヌペッパー少々（分量外）をふる。

---

**豆乳マヨネーズ**（作りやすい分量）
豆乳（成分無調整）大さじ 1 と 1/2、白みそ・太白ごま油・米酢各小さじ 2、きび砂糖小さじ 1、塩小さじ 1/4、カイエンヌペッパー少々をボウルに入れ、泡立て器で混ぜる。

# さつまいも

## さつまいものスパイスけんぴ

**材料**（2人分）
さつまいも　小 1 本（100g）
揚げ油　適量
**A**
きび砂糖　大さじ 1 と 1/3
黒酢　小さじ 1/2
しょうゆ・水　各小さじ 1/3
好みのスパイス（花椒、粉山椒など）
各適量

1. さつまいもはスライサーで薄切りにしてから、せん切りにする。
2. 小さいフライパンに **1** を入れ、かぶるくらいの油を注いで中火にかけ、泡が出てきたら少し火を弱めて 10 ～ 15 分、カリッとするまで揚げて油をきる。
3. 別のフライパンに **A** を合わせて中火にかけ、ふつふつとして砂糖が溶けたら **2** を加えてからめる。好みのスパイスをふる。

カリッと揚げたさつまいもに、甘じょっぱいたれをからめます。仕上げのスパイスで、ぐっと飲める味わいに！

乳製品を使わない豆乳マヨネーズは、白みそのおかげでまろやかな味わい。ポテトサラダにもおすすめです。

# キャベツ

## キャベツの
## オリーブ油蒸し煮

**材料**（2人分）
キャベツ　3枚（150g）
オリーブ油　大さじ1
塩　ひとつまみ強
赤唐辛子（小口切り）　1/4本
クミンシード　小さじ1/6

1. キャベツはせん切りにしてフライパンに入れる。
2. 残りの材料を加えてひと混ぜし、ふたをして中火にかける。蒸気がまわったら弱火にし10分ほど蒸し煮にする。味を見て、必要なら塩（分量外）で味をととのえる。
＊好みでカリッと焼いたバゲットや、フレンチマスタードを添える。

蒸し煮にしたキャベツの
凝縮したうまみに、クミンの香り。
シンプルだけれど、
カリッと焼いたパンにのせれば
ワインの最高のおつまみになります。

# 大根

パリッとした皮から、
とろっとした大根と春雨のあん。
甜麺醤のコクと甘みが、
おいしさのポイントです。
あんは、そのままつまんでもおいしい！

## 大根と春雨の春巻き

**材料**（2人分）
大根　150g
春雨（乾燥）　20g
生しいたけ　2〜3枚
しょうが　1かけ
豆板醤　小さじ1/6
ごま油　大さじ1/2
**A**（混ぜる）
酒　大さじ1
しょうゆ　大さじ1と2/3
きび砂糖・甜麺醤　各小さじ1
水　1/2カップ
▶水溶き片栗粉（混ぜる）
片栗粉　小さじ2
水　大さじ1と1/2
春巻きの皮　小4枚
青じそ　8枚
揚げ油　適量

1. 大根はせん切り、しいたけは薄切り、しょうがはみじん切りにする。春雨は熱湯にひたしてもどし、ざるにあげる。
2. フライパンにごま油と豆板醤を中火で熱し、香りが立ったら**1**を加えて炒める。**A**を加え、沸騰したら水溶き片栗粉をまわし入れ、混ぜながら水けをとばす。バットに広げ、粗熱をとる。
3. 春巻きの皮1枚に青じそ2枚をのせ、**2**を適量（30〜35g）のせて巻く（**a**）。巻き終わりは小麦粉を同量の水で溶いたのり（分量外）でとめる。
4. フライパンに揚げ油を3cmほど注いで170℃に熱し、**3**をこんがりとしたきつね色になるまで揚げる。

**a**
あんは1本あたり
30〜35gを目安に包む。
多すぎるとあんの水分で
しんなりしてしまう。

## かぶなます

**材料**（2人分）
かぶ　中1個（120g）
▶なます液
米酢・水　各大さじ1と1/2
砂糖　大さじ1と2/3
塩　小さじ1/3
ゆずの皮　適量

1. 鍋になます液の材料を合わせてさっと火にかけ、砂糖を溶かし、冷ましておく。
2. かぶはスライサーで薄切りにし、茎があれば適量刻む。ボウルに入れ、水1カップと塩小さじ1強（分量外）を加えてよくもみ込み、10分ほどつけて水けを絞る。
3. **2**を**1**に10分以上漬ける。
＊ひと晩おくと味がなじむ。保存の目安は冷蔵で5～6日。食べるときにゆずの皮を削って散らす。

## 大根のヴィネグレットマリネ

**材料**（2人分）
大根　100g
▶マリネ液
オリーブ油　大さじ1
米酢・ディル（刻む）　各小さじ1
きび砂糖　ひとつまみ
フレンチマスタード　小さじ1/2

1. 大根はスライサーで薄い輪切りにし、塩ふたつまみ（分量外）をもみ込んで2～3分おき、水けを絞る。
2. ボウルにマリネ液の材料を入れて泡立て器で混ぜ、**1**を加えてあえる。味を見て、必要なら塩（分量外）で味をととのえる。

アボカドのまったりとした食感に、
酢みそ衣がよく合います。
アスパラの食感と、
奈良漬けの風味がよい仕事をしてくれて
日本酒がほしくなる味わいです。

# アボカド

## アボカドとアスパラ、奈良漬けの酢みそあえ

**材料**（2人分）
アボカド　1個
グリーンアスパラガス　2～3本
奈良漬け　20g
▶酢みそ衣
　白みそ　大さじ1
　米酢　大さじ1/2
　太白ごま油　小さじ1

1. アボカドは1.5cm角に切る。アスパラは根元のかたい皮をピーラーでむき、さっと塩ゆでしてざるにあげ、粗熱をとって2cm幅に切る。奈良漬けは2cm長さのせん切りにする。
2. ボウルに酢みそ衣の材料を入れてゴムべらで混ぜ、**1**を加えてあえる。

# 白みそワカモレ
# ワンタンチップス

白みそのコクのある
うまみと自然な甘みが、
アボカドとも好相性。
カリッと揚げたチップスに
たっぷりのせてどうぞ。

**材料**（2人分）
アボカド　1個
**A**
白みそ　大さじ1
オリーブ油・レモン汁　各小さじ1
クミンパウダー（またはカレー粉）　適量
タバスコ　適量
塩　少々
ワンタンの皮　10枚
揚げ油　適量

1. フライパンに揚げ油を2cmほど注いで170℃に熱し、ワンタンの皮をカリッときつね色になるまで揚げる。
2. アボカドは一口大に切る。
3. ボウルに**2**と**A**を入れて泡立て器で混ぜ、味を見て、必要なら塩（分量外）で味をととのえる。器に盛り、**1**を添える。

# トマト

## トマトの食べるガスパチョ

ざくざく切って混ぜるだけですが、
黒酢が味の決め手。
これはぜひ、甘みのある完熟のトマトで
試してほしいレシピです。

**材料**（2人分）
トマト（完熟） 1個（150g）
ししとう 2本
香菜 1本
オリーブ油 大さじ1
黒酢 大さじ1/2
みそ 小さじ1/2
タバスコ 少々

1. トマトは皮を湯むきして1.5cm角に切る。ししとう、香菜はみじん切りにする。
2. **1**をボウルに合わせ、残りの材料を加えてあえる。器に盛り、あれば香菜の葉少々（分量外）をのせる。

もやし

# もやしの中華ごまスープ

もやしが主役のヘルシースープ。
白みそと白ごまペーストで、
コクと甘みがアップします。
紹興酒に合わせてもいいし、〆にもぴったりな一品。

**材料**（2人分）
もやし　1/2袋（100g）
生しいたけ（薄切り）　4枚
ごま油　大さじ1/2
豆板醤　小さじ1/6
塩・こしょう　各少々
昆布だし　1と1/2カップ
酒　大さじ1
**A**
　白みそ　20g
　白ごまペースト　大さじ1
しょうゆ　大さじ1弱
黒酢　小さじ1

1. 鍋にごま油と豆板醤を弱火で熱し、香りが立ったらもやし、しいたけを加えて炒め、塩、こしょうをふる。
2. だしと酒を加えて中火にし、沸騰したら火を弱めて**A**を溶かし入れる。しょうゆ、黒酢を加えて混ぜる。

# まいたけ

## まいたけの天ぷら みどり酢添え

**材料**（2人分）
まいたけ　1パック（100g）
小麦粉　大さじ3
水　大さじ3と1/2
揚げ油　適量
塩　適量
▶みどり酢（作りやすい分量）
きゅうり　1本
米酢　大さじ1
薄口しょうゆ・砂糖　各小さじ1
白すりごま　大さじ1/2
塩　小さじ1/4

1. みどり酢を作る。きゅうりは縦半分に切ってスプーンで種を除き、小さく切る。残りの材料とともにフードプロセッサーに入れ、きゅうりがペースト状になるまで攪拌する。
2. まいたけは食べやすい大きさにさき、小麦粉小さじ1（分量外）を薄くまぶす。
3. ボウルに小麦粉を入れ、分量の水を注いで泡立て器で混ぜる。
4. 揚げ油を180℃に熱し、**2**を適量ずつ**3**の衣にくぐらせて揚げる。器に盛って塩をふり、**1**を添える。

＊みどり酢は、から揚げなど揚げもの全般によく合う。

サクサク薄衣のまいたけ天ぷらは、
うまみが抜群。
きゅうりのさわやかな香りと
色合いが涼やかなみどり酢をのせれば、
さっぱりとしたあと味です。

# エリンギ

甘辛い味つけに、青のりをふって
磯の香りをプラスしました。
プリッとした食感は、
まさにあわびそのもの！

## エリンギのあわびもどき

**材料**（2人分）
エリンギ　1パック（100g）
しょうゆ・みりん　各大さじ3/4
青のり　適量
油　小さじ1

1. エリンギは長さを半分に切ってから、縦3〜4等分に切る。
2. フライパンに油を中火で熱し、**1**の両面をこんがりと焼く。しょうゆ、みりんをまわし入れ、からめながら水分をとばす。器に盛り、青のりをふる。

# 大葉のしょうゆ漬け

**材料**（2人分）
青じそ　10枚
**A**
｜しょうゆ・みりん　各小さじ1

1. 青じそは保存容器に入れ、**A**を注ぐ。表面にぴったりとラップを貼りつけてふたをし、冷蔵庫にひと晩おく。
＊保存の目安は冷蔵で1～2週間。

# えのきの梅なめたけ

**材料**（2人分）
えのきたけ　1袋（100g）
梅干し（種を除いてたたく）　大1個（10g）
酒・みりん　各大さじ1
しょうゆ　小さじ1

1. えのきは根元を切り落としてほぐし、長さを半分に切る。
2. 鍋に**1**と残りの材料を入れ、ふたをして中火にかける。蒸気が上がったらふたをとり、混ぜながらさっと火を通す。
＊保存の目安は冷蔵で1～2週間。

しそ

えのき

落としラップをして
漬けることで、
少ない調味料でも
味が行きわたります。

梅の酸味を効かせた、
おつまみになる常備菜。
のりで巻いても、
ごはんの友にも。

# 2章

# 季節を愛でる旬菜で

春は山菜のほろ苦さ、夏は果菜のみずみずしさ、秋から冬は根菜の滋味深さ。旬の食材にはその時期ならではの勢いや香り、うまみがあり、シンプルに調理するだけで、お酒を誘う一品になると感じます。私が、季節を待ちわびて作るおつまみたちです。

# 春のつまみ膳

そら豆の淡いグリーンと
やさしい風味を包んだ春巻きは
長いもを入れることでほくほく感が増し、
しっとりと口当たりもよくなります。

春のやわらかくて甘いキャベツには、
梅の酸味をまとわせて。

同じく春が旬のうどは、
シャキシャキとした歯ざわりと
独特の風味が魅力。
穂先の部分までまるごと使って
甘辛味のきんぴらに。
おべんとうのおかずにもおすすめです。

そら豆の春巻き

うどとにんじんのきんぴら

春キャベツの梅あえ

# そら豆の春巻き

**材料**（3本分）
そら豆　さやから出して 140g
長いも　50g
春巻きの皮　3 枚
揚げ油　適量

**1.** 長いもは皮つきのまままよく洗い、蒸気の上がった蒸し器で竹串がスッと通るまで 10 分ほど蒸し（またはラップをかけて電子レンジで 2 分 30 秒ほど加熱し）、皮をむく。そら豆は 3 分ほど塩ゆでし、薄皮をむく。

**2.** **1** をボウルに合わせ、フォークで粗くつぶし、塩（分量外）で味をととのえる。

**3.** 春巻きの皮を広げて **2** を等分に巻き、巻き終わりは小麦粉を同量の水で溶いたのり（分量外）でとめる。

**4.** フライパンに揚げ油を 3cm ほど注いで 180℃に熱し、**3** をこんがりとしたきつね色になるまで揚げる。

# 春キャベツの梅あえ

**材料**（2人分）
キャベツ　150g
▶ あえ衣
梅干し（種を除いてたたく）　10g
きび砂糖　小さじ 1
太白ごま油　小さじ 2/3

**1.** キャベツはひと口大に切り、1 ～ 2 分塩ゆでしてざるにあげ、水けをきる。

**2.** ボウルにあえ衣の材料を入れ、**1** を加えてあえる。

# うどとにんじんのきんぴら

**材料**（作りやすい分量）
うど　1 本（150g）
にんじん　40g
**A**
酒　大さじ 1 と 1/2
薄口しょうゆ（またはしょうゆ）　大さじ 1
きび砂糖　小さじ 2
赤唐辛子（小口切り）　1/4 本
油　小さじ 1

**1.** うどは皮を薄くむき（**a**）、4cm 長さの短冊切りにする。酢水に 5 分ほどさらしてざるにあげ、水けをきる。にんじんも 4cm 長さの短冊切りにする。

**2.** フライパンに油と赤唐辛子を中火で熱し、**1** を炒める。くたっとしたら **A** をまわし入れ、炒めながら汁けをとばす。

**a**
うどは根元から先端に向かって皮をむく。皮もきんぴらなどにして食べられる。

# 菜の花だけのブルスケッタ

ほろ苦い菜の花を、
オリーブ油で蒸し煮にしただけ。
シンプルですが、力強い味わいが
お酒を受け止めてくれます。
スパークリングワインや白ワインと。

**材料**（2人分）
菜の花　1束（200g）
オリーブ油　大さじ1
塩　ふたつまみ
バゲット　適量

1. 菜の花は長さを半分に切る。
2. 厚手のふたつき鍋に **1** を入れ、オリーブ油と塩を加えてひと混ぜし、ふたをして中火にかける。蒸気がまわったら弱火にし、20 分ほど蒸し煮にする（途中 1 〜 2 度、上下を返す）。くたくたになったら火を止め（**a**）、そのまま 10 分ほどおく。塩（分量外）で味をととのえる。
3. バゲットは 1.5cm 厚さに切ってカリッと焼き、**2** をのせる。

**a**

菜の花は弱火でくたくたになるまで
蒸し煮にすると、ほろ苦さの中に甘みが際立つ。

# たらの芽のフリット

たらの芽のほのかな苦みは、早春の味。
この季節だけのお楽しみです。
炭酸水を使ったサクッと軽い衣で、
フリットに。

**材料**（2人分）
たらの芽　2パック（100g）
▶衣
小麦粉　大さじ3
炭酸水　大さじ3と1/2
塩　ひとつまみ
揚げ油　適量
塩　少々

**1.** たらの芽は、茶色いはかまの部分をむく。
**2.** ボウルに衣の材料を入れて泡立て器で混ぜる。
**3.** 揚げ油を180℃に熱し、**1**を**2**の衣にくぐらせて入れ、カラリとするまで揚げる。好みで塩をふっていただく。

# ふきのマスタードマリネ

春の香りのふきを、
白ワインに合わせたくて
繊細な色も生かした洋風のマリネに
仕立てました。薄く切って、
カルパッチョに合わせても美味。

**材料**（作りやすい分量）
ふき　100g
▶ マリネ液
オリーブ油　大さじ 1
レモン汁・フレンチマスタード　各小さじ 1
塩　小さじ 1/4
きび砂糖　ふたつまみ

1. ふきはゆでやすい長さに切り、多めの塩（分量外）をふって板ずりする（**a**）。熱湯で 3 ～ 4 分ゆでて冷水にとり、水けをきって薄皮をむき、4cm 長さに切る（太いものは縦半分に切る）。
2. ボウルにマリネ液の材料を入れ、泡立て器で混ぜる。**1** を加えてあえる。

**a**

ふきは多めの塩をふってこすり合わせるように板ずりする。こうすると色よくゆで上がる。

# グリーンピースごはんの俵めし

**材料**（作りやすい分量）
グリーンピース　1パック（正味80g）
米　2合
酒　大さじ1
塩　小さじ1/3

**memo**
炊飯器で炊く場合は、洗って水けをきった米を内釜に入れ、グリーンピースのゆで汁と酒を加え、2合の目盛りまで水を注ぐ。塩を加えてひと混ぜし、普通に炊く。炊き上がったらグリーンピースを加え、5分ほど蒸らす。

**1.** グリーンピースはさやから出し、かぶるくらいの熱湯で4分ほど塩ゆでする。鍋ごと冷水にあてて急冷し、ざるにあげて水けをきる（ゆで汁はとっておく）。

**2.** 米は洗ってざるにあげ、15分ほど水けをきり、厚手のふたつき鍋に入れる。

**3.** **1**のゆで汁と酒を合わせ、水を足して360mℓにする。**2**に注ぎ、塩を加えてひと混ぜし、30分ほど浸水させる。

**4.** ふたをして強火にかけ、沸騰したら弱火にし、10分加熱する。ふたをとり、**1**のグリーンピースを加えてふたをし、10秒ほど火を強めてから火を止める。そのまま10分蒸らし、しゃもじでさっくりと混ぜ、俵形ににぎる。

春の恵みのごちそうごはん。
だしを使わなくても風味よく仕上がるのは、
グリーンピースのゆで汁を使っているから。
ひと口大ににぎれば、
おつまみにも、〆にも。

モロヘイヤと納豆のあえもの

焼き万願寺唐辛子

とうもろこしのフリット

# 夏のつまみ膳

モロヘイヤと納豆は
ねばねば素材の組み合わせで、
食欲の落ちがちな夏も
つるんと食べられます。
しょうがの清涼感と、
酢の酸味が味の決め手。

くたっと焼いた万願寺唐辛子は
とてもシンプルなつまみですが、
香ばしい焼き目も
おいしさのポイントです。

フリットは、旬の甘い
とうもろこしで、ぜいたくに。
生のとうもろこしを使うと、
濃厚な甘みが際立ちます。

## モロヘイヤと納豆のあえもの

**材料**（2人分）
モロヘイヤ　20g
納豆　1パック（50g）
しょうが（せん切り）　1かけ
みょうが（せん切り）　1/2個
**A**
昆布だし　大さじ2
薄口しょうゆ・米酢　各小さじ1
きび砂糖　小さじ1/4

**1.** モロヘイヤはさっと塩ゆでして冷水にとり、水けを絞ってみじん切りにする。
**2.** ボウルに納豆、しょうが、**1**、**A**を入れてあえる。器に盛り、みょうがをのせる。

## 焼き万願寺唐辛子

**材料**（2人分）
万願寺唐辛子　6〜8本
油　小さじ1
塩　適量

**1.** フライパンに油を弱めの中火で熱し、万願寺唐辛子を並べ、火が通ってくたっとするまで両面をじっくり焼く。塩をふっていただく。

## とうもろこしのフリット

**材料**（2人分）
とうもろこし　1本
▶衣
小麦粉　大さじ3
炭酸水　大さじ3と1/2
塩　ひとつまみ
揚げ油　適量
塩　適量

**1.** とうもろこしは皮をむき、包丁で実をこそげとる。
**2.** ボウルに衣の材料を入れて泡立て器で混ぜ、**1**を加えてさっくり混ぜる。
**3.** 揚げ油を180℃に熱し、**2**をスプーンですくってひと口大ずつ落とし入れる。そのままさわらずにおき、底面がカリッとしたら裏返し、同様に揚げる。油をきり、塩をふっていただく。

揚げものは、精進のごちそう。
なす1本でも主役になります。
カリッと軽い衣に包まれた
とろ〜りなすが絶品！
黒酢みそが合いますが、
お好みでレモン＋塩でも。

# なすのカツレツ

**材料**（2人分）
長なす　1本（またはなす2本）
塩　ひとつまみ
小麦粉・パン粉・揚げ油　各適量
塩・レモン　各適量
▶黒酢みそ（混ぜる）
白みそ　大さじ1
黒酢　大さじ1/2
練りがらし　少々

1. なすは縦半分に切ってから、長さを3等分に切る。塩をまぶして2〜3分おき、水けをふいて薄く小麦粉をまぶす。
2. ボウルに小麦粉大さじ2を入れ、小麦粉より少し多めの水を加えて泡立て器で生クリームくらいの濃度に溶く。
3. 揚げ油を180℃に熱し、**1**を**2**にくぐらせ（**a**）、パン粉をまぶして入れ、カリッときつね色になるまで揚げる。
4. 器に盛って塩をふり、レモン、黒酢みそを添える。

**a**
生クリーム程度のゆるさのバッター液になすをくぐらせ、パン粉をまぶす。

# なすの香味みそ炒め

**材料**（2人分）
なす　小3本（または大2本）
しょうが　大1かけ
青じそ　3枚
**A**（混ぜる）
酒　大さじ2
みりん　大さじ1
みそ　大さじ1強
ごま油　大さじ1/2
赤唐辛子（小口切り）　1/4本

**1.** なすは2.5〜3cm角に切り、塩ひとつまみ（分量外）をまぶして2〜3分おき、水けをふく。しょうが、青じそは粗みじん切りにする。

**2.** フライパンにごま油と赤唐辛子を中火で熱し、香りが立ったら**1**を加えて炒める。油がまわったら**A**を加えてひと混ぜし（**a**）、ふたをして弱めの中火で6〜7分蒸し煮にする。

**3.** ふたをとり、必要なら水分をとばす。
＊保存の目安は冷蔵で4〜5日。

**a**
甘辛いみそだれを加えて
全体にからめ、蒸し煮にする。

しょうがと青じそで
複雑な味わいになり、
〝食べるおかずみそ〟
のようなイメージ。
お酒はもちろん、ごはんも進む、
この季節の常備菜です。

# ゴーヤーの辛いきんぴら

**材料**（2人分）
ゴーヤー　1/2本（100g）
塩　ひとつまみ
ごま油　小さじ1
豆板醤　小さじ1/6
**A**
｜酒　大さじ1
｜しょうゆ　大さじ1と小さじ1/2
｜きび砂糖　小さじ2/3
白すりごま　適量

1. ゴーヤーは縦半分に切って種とわたを除き、薄切りにして塩をもみ込み、3～4分おく。熱湯で10秒ほどゆでてざるにあげ、水けをきる。
2. フライパンにごま油と豆板醤を中火で熱し、香りが立ったら**1**を加えて炒める。しんなりしたら**A**を加え、汁けをとばしながら炒める。
3. 器に盛り、ごまをふる。

ゴーヤーの苦みに、
パンチのある豆板醤がマッチ。
甘辛の味わいがしみわたり、
ちびちびつまみたくなる味。

# コリンキーのナムル

**材料**（2人分）
コリンキー　1/4個（120g）
塩　ふたつまみ
**A**
｜ごま油　小さじ2
｜米酢　小さじ1
｜豆板醤　小さじ1/4
｜きび砂糖　小さじ1/3
｜白すりごま　小さじ1

1. コリンキーは皮を薄くむき、食べやすい大きさの薄切りにする。塩をもみ込んで4～5分おき、水けを絞ってボウルに入れる。
2. **A**を加えてあえる。

コリンキーの軽快な歯ざわりを生かし、
生のままナムルに。
食卓がパッと華やぐ
鮮やかな色合いも魅力です。

材料はごくごくシンプル。
枝豆を塩ゆでしておけば、
あとはミルサーにかけるだけ。
涼やかな色合いで、
夏のおもてなしにも喜ばれます。

# 枝豆のすり流し

**材料**（2人分）
塩ゆで枝豆（memo 参照）
　さやから出して 100g
水　120mℓ
太白ごま油　小さじ 1

1. すべての材料をミキサー（またはミルサー）にかけ、なめらかにする。味を見て、必要なら塩（分量外）で味をととのえる。冷蔵庫で冷やしていただく。

**memo**

## 塩ゆで枝豆

枝豆 1 袋は塩大さじ 2 をもみ込んで 5 分ほどおき、熱湯で 4 分ほどゆでてざるにあげる。このままつまみにも、あえものなどにも。

# 秋のつまみ膳

ぎんなんは、秋のおつまみの定番。
酒煎りすることで風味が増し、
食感もふっくらします。

甘い柿には、ほんのり
辛みのあるあえ衣を。
この組み合わせで、
立派なつまみになるんです。
シャクシャクとした
かための柿を使うのがポイント。

れんこんは、
青のり入りの衣をまとわせ、
カラッと揚げます。
衣は少し厚めのほうがおいしい。
磯の香りがお酒を誘います。

## 酒煎りぎんなん

**材料**（2人分）
ぎんなん（殻つき）　15粒
**A**
酒　大さじ2
塩　ひとつまみ強

1. ぎんなんは殻を割って実を取り出し、5分ほど塩ゆでして冷水にとり、薄皮をむく。
2. 鍋に入れてひたひたの水を注ぎ、**A**を加えて中火にかける。沸騰したら弱めの中火にし、水分がなくなるまで煎りつける。

## 柿のごま酢あえ

**材料**（2人分）
柿（かためのもの）　小1個
▶あえ衣
ごま油・米酢　各小さじ1
薄口しょうゆ（またはしょうゆ）
小さじ1/2
きび砂糖　ふたつまみ
白すりごま　大さじ1/2
韓国粉唐辛子　小さじ1/6
（または一味唐辛子少々）

1. 柿は皮をむいて種を除き、1cm幅の細切りにする。
2. ボウルにあえ衣の材料を入れて泡立て器で混ぜ、**1**を加えてあえる。

## れんこんの磯辺揚げ

**材料**（2人分）
れんこん　100g
▶衣
小麦粉　大さじ3
塩　小さじ1/4
青のり　小さじ1
炭酸水（なければ水でもよい）
大さじ3と1/2
揚げ油　適量

1. れんこんは1cm幅の半月切り（またはいちょう切り）にする。
2. ボウルに衣の材料を入れて泡立て器で混ぜる。
3. 揚げ油を180℃に熱し、**1**を**2**にくぐらせて入れ、カラリとするまで揚げる。

里いもは、軽くにぎって
凹凸のある形にすると、
焼いたときにカリッとし、
味もからみやすくなります。
もちもちした生麩と、
コクのある酢みそ衣の相性も抜群。

# 里いもと生麩のぬた

**材料**（2人分）
里いも　中2個
片栗粉　適量
生麩　1パック（120g）
油　大さじ1
▶酢みそ衣
　白みそ　大さじ2
　米酢　大さじ1
　きび砂糖　小さじ2
　練りがらし　小さじ1/3
ゆずの皮（削る）　少々

**1.** 里いもは皮つきのままよく洗い、蒸気の上がった蒸し器に入れて竹串がスッと通るまで15分ほど蒸す。粗熱がとれたら皮をむき、ひと口大に切って片栗粉を薄くまぶし、軽くにぎってつぶす（**a**）。生麩は1.5cm幅に切る（**b**）。

**2.** フライパンに油を中火で熱し、**1**を並べ入れる。生麩はこんがり焼き色がつくまで焼き、里いもは表面がほんのり色づいてカリッとするまで焼く。

**3.** ボウルに酢みそ衣の材料を入れてゴムべらで混ぜ、**2**を加えてあえる。器に盛り、ゆずの皮を散らす。

a

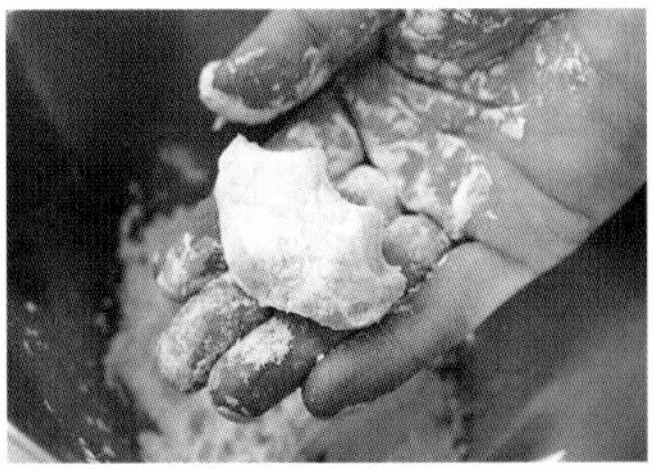

b

里いもは表面に凹凸を作ると、
焼いたときにカリッとする。
生麩は1.5cm幅に切り、
もっちりとした食感を生かす。

# ごぼうの竜田揚げ

**材料**（2人分）
ごぼう　120g
片栗粉・揚げ油　各適量
**A**
｜しょうゆ　小さじ2
｜みりん　小さじ1

1. ごぼうは皮つきのままよく洗い、蒸気の上がった蒸し器に入れて竹串がスッと通るまで15分ほど蒸す（**a**）。
2. まな板に取り出して熱いうちにめん棒などでたたき、食べやすい長さの斜め切りにする。**A**をからめて2〜3分おく。
3. 揚げ油を180℃に熱し、**2**に片栗粉をにぎるようにまぶして入れ、カリッとするまで揚げる。

**a**

ごぼうは蒸し器に入る長さに切ってから蒸す。

ごぼうの土っぽい香りを
存分に楽しむつまみ。
かむほどにしみじみと味わい深く、
スパークリングワインにも
赤ワインにも合いそう。

# 玄米れんこんもち

**材料**（2人分）
玄米ごはん（冷めたもの）　60g
れんこん　130g
塩　ひとつまみ
油　適量

**1.** れんこんは半量はすりおろし、ざるにあげて軽く水けをきる（約60gになる）。残りはみじん切りにする。
**2.** ボウルに**1**とごはん、塩を合わせて手でよくこね、直径4cmの平たい丸形に整える（**a**）。
**3.** フライパンに多めの油を弱めの中火で熱し、**2**を並べて両面がカリッとするまでじっくり焼く（片面4分ずつが目安）。

**a**
平たい丸形のれんこんもちが、約6個できる。

# ごま酢ばす

**材料**（2人分）
れんこん　100g
▶あえ衣
米酢・白すりごま　各大さじ1/2
きび砂糖　小さじ1
しょうゆ　小さじ1/2

**1.** れんこんは薄切りにし、2分ほど塩ゆでして水けをきる。
**2.** ボウルに入れ、熱いうちにあえ衣の材料を加えてあえる。
＊保存の目安は冷蔵で4～5日。

ごまが入ることで、
酢の酸味がまろやかになり
シンプルながらも箸が進む
酢ばすになります。
副菜や、おべんとうのおかずにも。

れんこんはすりおろしとみじん切りで、
もっちりとシャキシャキの食感を楽しめます。
カリッとした食感がおいしさのポイント。

# りんごとセロリの豆腐マヨネーズあえ

りんごの甘みとセロリの香りを、
やさしい味わいの豆腐マヨネーズで
まとめました。
仕上げの黒こしょうが
味の引き締め役です。

**材料**（2人分）
りんご　小1/2個
セロリ　1/2本（40g）
▶豆腐マヨネーズ
　絹ごし豆腐（軽く水けをきる）　50g
　オリーブ油・白みそ　各小さじ1
　マスタード・レモン汁（または米酢）
　　各小さじ1/2
　塩　ひとつまみ
こしょう　少々

1. りんごは皮をところどころむいて食べやすい大きさのせん切りにする。セロリは斜め薄切りにする。
2. ボウルに豆腐マヨネーズの材料を入れ、泡立て器でなめらかになるまで混ぜる（**a**）。**1**を加えてあえる。
3. 器に盛り、こしょうをふる。

**a**

豆腐マヨネーズは柿やいちごなどのくだものや、さつまいも、かぼちゃとあえてもおいしい。

カリフラワーのディップ

ゆり根のグラタン

# 冬のつまみ膳

これも精進料理!?と驚かれる
ゆり根のグラタンは、この季節のごちそう。
豆乳ホワイトソースは白みそを使うと
チーズのようなコクが出て、
ほくほくのゆり根に、とてもよく合います。

カリフラワーは蒸し煮にすると、
ゆでて食べるのとはまた違うおいしさ!
ぐんと甘みが引き出され、
口当たりも風味もよくなります。

# カリフラワーのディップ

**材料**（2人分）
カリフラワー　小1/2個（200g）
オリーブ油　大さじ1
塩　適量

a

弱火でくたくたになるまで火を通す。
多少の焦げは風味になるので気にしなくてもOK。

1. カリフラワーは小房に分けてから薄切りにし、厚手のふたつき鍋に入れる。オリーブ油と塩ひとつまみを加えてひと混ぜし、ふたをして中火にかける。蒸気がまわったら弱火にし、くたくたになるまで20分ほど、途中で数回混ぜながら蒸し煮にする（途中、焦げつきそうになったら水を大さじ1/2ずつ足す。**a**）。
2. 火を止めてそのまま10分ほど蒸らし、ミキサー（またはミルサー）にかけてなめらかにする。塩少々で味をととのえ、好みでオリーブ油（分量外）をまわしかける。パンやクラッカーを添えていただく。

＊保存の目安は冷蔵で3〜4日。

# ゆり根のグラタン

**材料**（2人分）
ゆり根　1個（150g）
▶豆乳ホワイトソース
豆乳（成分無調整）　1カップ
白みそ　大さじ1と1/3
小麦粉　大さじ1
太白ごま油　大さじ1/2
塩　ひとつまみ
**A**（混ぜる）
パン粉　大さじ2
オリーブ油　大さじ1/2

1. ゆり根は洗って1枚ずつはがし、茶色い部分があれば包丁で削る。2分ほど塩ゆでし、ざるにあげる。
2. 小鍋に豆乳ホワイトソースの材料を入れて泡立て器で混ぜる。中火にかけ、混ぜながらふつふつとしてとろみがつくまで2分ほど加熱する。
3. 耐熱の器に**1**を並べ、**2**をまんべんなくかける（**a**）。**A**をかけ、230℃に予熱したオーブンで15〜20分焼く。

a

白みそを効かせた
豆乳ホワイトソースを、
ゆり根にたっぷりかけて焼く。

旬の白菜は、買ってきたら
浅漬けにしておくと
箸休めにもおつまみにも重宝。
辛みがあると味が引き締まるので
お好みで一味唐辛子や
七味唐辛子をふっても。

# 白菜の浅漬けサラダ

**材料**（2人分）
白菜の浅漬け（memo 参照）　半量
水菜　1株（30g）
京にんじん（またはにんじん）　15g
油揚げ　1/4 枚
**A**
ごま油　小さじ1強
しょうゆ　小さじ1/2強

1. 白菜の浅漬けは粗く刻む。水菜は3cm長さに、にんじんはせん切りにする。油揚げは細切りにし、フライパンでカリッとするまでからいりする。
2. ボウルに**1**を合わせ、**A**を加えてあえる。

**memo**

## 白菜の浅漬け（作りやすい分量）

白菜1/8株（350g）は、葉は3cm幅に切り、芯の部分は薄切りにする。ボウルに入れ、塩7g（白菜の重量の2%）をまぶして5分ほどおく。水けを絞ってポリ袋に入れ、塩昆布6gを加えてあえる。すぐ食べられるが、冷蔵庫でひと晩おくと味がなじむ。
＊保存の目安は冷蔵で3～4日。

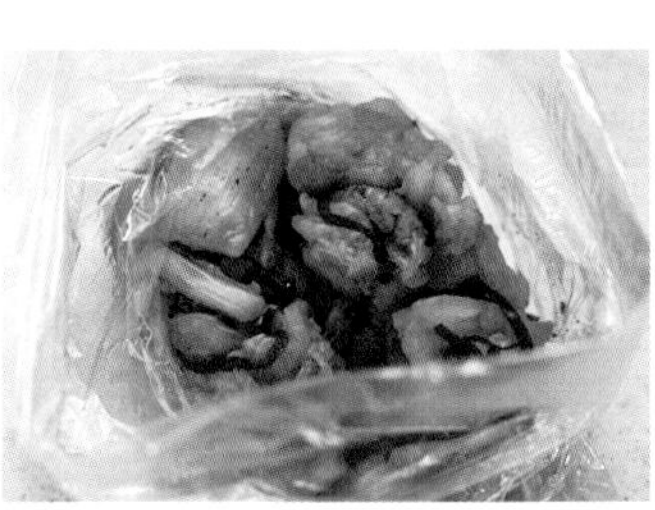

# 春菊とかぶののりサラダ

しょうゆを吸ったのりが、
味のアクセントに。
紫色が美しいあやめかぶを使うと
彩りよく仕上がります。
春菊のかわりに水菜を使っても◎。

**材料**（2人分）
春菊　1/2束（80g）
あやめかぶ（またはかぶ）　小1/2個
焼きのり（全形）　1枚
しょうゆ　大さじ1/2
ごま油　小さじ1
七味唐辛子　少量

1. 春菊はざく切りにし、茎は斜め薄切りにする。かぶは食べやすい大きさの薄切りにする。
2. ボウルに**1**を合わせ、のりを小さくちぎり入れる。しょうゆ、ごま油をまわし入れてさっと混ぜ、器に盛り、七味唐辛子をふる。

# せりのナムル

さわやかな香りの旬のせりで。
香りを最大限に生かしたいから、
下ゆではさっと。
味つけもごくごくシンプルにして
楽しみます。

**材料**（2人分）
せり　1束（80g）
**A**
| しょうゆ・ごま油　各小さじ1/2
| 白すりごま　小さじ1

**1.** せりはさっと塩ゆでして冷水にとり、水けをしっかり絞る。3cm長さに切ってボウルに入れ、**A**を加えてあえる。

この季節だけの
ぜいたくなかき揚げです。
ゆり根は少しアクがあるので、
さっと塩ゆでするのがおすすめ。
これはぜひ、揚げたてホクホクを
つまんでほしい一品です。

# ゆり根のかき揚げ

**材料**（2人分）
ゆり根　大1個（150g）
小麦粉　大さじ3
水　大さじ2と1/2
揚げ油　適量
塩　少々

**1.** ゆり根は洗って1枚ずつはがし、茶色い部分があれば包丁で削る。1分ほど塩ゆでしてざるにあげ、冷ます。

**2.** **1**をボウルに入れて小麦粉をまぶし、分量の水を少しずつ加えて混ぜ、ゆり根同士がやっとくっつく状態にする（**a**）。

**3.** フライパンに揚げ油を3cmほど注いで180℃に熱し、**2**を4cm大の平たい丸形になるよう整えながら入れる（**b**）。そのままさわらずにおき、底面がカリッとしたら裏返し、同様に揚げる。器に盛り、塩をふっていただく。

**a**

水を少しずつ加えて混ぜ、ゆり根同士がやっとくっつくくらいの状態にする。

**b**

丸く形を整えて油に入れたら、かたまるまでしばらくさわらずにおく。

# 漬けもので

漬けもののポリポリとした歯ざわりや塩味、熟成したうまみが、調味料がわりにもなり、味に奥行きをもたらしてくれます。漬けものは気軽な即席漬けをご紹介しますが、市販品を使ってもかまいません。

## 紅しょうがのチヂミ

**材料**（2人分）

紅しょうが（下記参照。市販品でもよい）
　25g
じゃがいも　40g
香菜　1/2束（20g）
▶生地
　薄力粉　大さじ2
　片栗粉　大さじ1
　水　大さじ2と1/2
　しょうゆ　小さじ1/4
ごま油　小さじ2
▶たれ（混ぜる）
　しょうゆ　大さじ1/2
　ごま油　小さじ1/4
　白すりごま　小さじ1
　きび砂糖・韓国粉唐辛子　各少々

1. じゃがいもはせん切りにし、香菜は2cm幅に切る。
2. ボウルに生地の材料を入れ、泡立て器で混ぜる。紅しょうがと**1**を加えて混ぜる。
3. 直径16cm程度のフライパンにごま油を中火で熱し、**2**を流し入れる。ふたをして弱めの中火にし、こんがりと焼き色がつくまで5分ほど蒸し焼きにする。ふたをとって裏返し、中火で3分ほどカリッとするまで焼く。食べやすく切って器に盛り、たれを添える。

---

### 紅しょうが（作りやすい分量）

1. 保存容器に米酢・砂糖各大さじ3、梅酢（市販品でもよい）大さじ2を合わせる。
2. しょうが90gはせん切りにし、さっと塩ゆでして水けをきる。**1**に加えて15分以上おく。

＊ひと晩おくと味がなじむ。保存の目安は冷蔵で約1か月。

少ない粉で気軽に作れるのも
うれしいチヂミ。
手作りの紅しょうがは色が淡く、
じゃがいもと見分けがつかないほどですが
食べるとしょうがのさわやかな香りと
辛みが広がります。

# しば漬けときゅうりの甘酢いなり

**材料**（4～5個分）
しば漬け（下記参照。市販品でもよい）
40g
きゅうり　1本
▶甘酢（混ぜる）
米酢・きび砂糖　各大さじ1
しょうゆ　小さじ1/2
白すりごま　小さじ2
青じそ　4～5枚

**油揚げ煮**（作りやすい分量・10個分）
油揚げ　5枚
**A**
水　1カップ
きび砂糖　大さじ1と1/2
しょうゆ　大さじ1
塩　ひとつまみ

1. 油揚げ煮を作る。油揚げは長さを半分に切って袋状に開き、熱湯で1～2分ゆでて油抜きをする。ざるにあげ、木べらで押して水けを絞る。
2. 鍋に**A**を合わせて中火にかける。煮立ったら**1**を少しずつずらして入れ、落としぶたをして弱めの中火で煮る。煮汁がなくなる直前に火を止め、そのまま冷ます(a)。
3. しば漬けは刻む。きゅうりは薄い小口切りにして塩ひとつまみ（分量外）をもみ込み、2～3分おく。きゅうりの水けを絞って甘酢であえ、しば漬けとごまを加えて混ぜる。
4. **2**の口を内側に折って青じそを敷き、**3**を詰める。

**memo**
油揚げ煮は冷蔵で3～4日、小分けにして冷凍すれば2～3週間保存可能。「かぶなます(p.19)」「ひじきの梅煮(p.69)」「ゴーヤーのおからあえ(p.74)」などを入れても、おいしいおかずいなりになる。

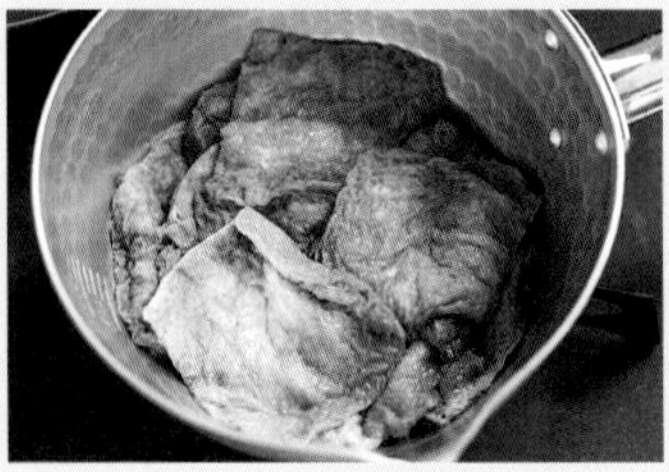

a
油揚げはなるべく重ならないよう
少しずつずらして並べ、
煮汁がなくなる直前まで煮る。

## しば漬け（作りやすい分量）

1. なす3本は縦半分に切ってから薄切りにする。みょうが2個、青じそ6枚、しょうが大1かけはせん切りにする。合わせてボウルに入れ、総重量の3%の塩をもみ込み、10分ほどおいて水けを絞る。
2. 保存容器にたたいた梅干し（大）1と1/2個分、米酢大さじ2/3を入れて混ぜ、**1**を加えてあえる。

＊漬けてすぐ食べられる。保存の目安は冷蔵で約1週間。

さっぱりとしたしば漬けと、
きゅうりの甘酢あえを
甘辛く煮た油揚げ煮に詰めました。
手でつまんでも食べやすく
満足感があるので、
人が来たときにもおすすめです。

いろいろな野菜で作ると
色合いもかわいい！
ポリポリとした食感も心地よい、
日本酒を誘う細巻きです。
粕漬けには、セロリなど
香りのある野菜を入れるのが
おすすめ。

# 粕漬けのり巻き

**材料**（細巻き２本分）
温かいごはん　160g
▶すし酢
　米酢　大さじ1/2
　砂糖　大さじ1/4
　塩　小さじ1/4
粕漬け（下記参照。好みの野菜）　30g
青じそ　１枚
焼きのり（全形）　１枚
白すりごま　小さじ１

**1.** 粕漬けと青じそはせん切りにする。
**2.** ボウルにごはんを入れ、すし酢の材料を加えてさっくり混ぜる。
**3.** のりを半分に切って巻きすに横長にのせ、**2**の半量を広げる。ごまの半量を散らし、**1**の半量をのせて巻く。もう１本も同様に巻く。

## 粕漬け（作りやすい分量）

**1.** きゅうり、セロリ、にんじん、紫大根など野菜は合わせて200g用意する。きゅうりとセロリは３等分の長さに、にんじんは縦４等分に切る。大根は縦４〜６等分に切る。塩４g（野菜の重量の２%）をまぶして10分ほどおき、水けをふく。
**2.** ボウルにみそ・酒粕各40gを入れてゴムべらで混ぜ、**1**を加えて混ぜる。ポリ袋に移して口を閉じ、冷蔵庫でひと晩おく。
＊２日ほどおくと味がなじむ。保存の目安は冷蔵で４〜５日。

野菜をあれこれ入れなくても、
大根だけで充分おいしい福神漬けに。
コロンとひと口大のおにぎりにすれば、
上品なおつまみになります。

## 福神漬けの俵めし

大根の福神漬け（下記参照）40gを刻んで温かいごはん200gに混ぜる。手に塩少々をつけ、俵形ににぎる。

### 大根の福神漬け

**材料**（作りやすい分量）

大根　200g
塩　小さじ１弱（大根の重量の２%）
青じそ（粗みじん切り）　３枚
しょうが（せん切り）　10g
赤唐辛子（小口切り）　1/4本
塩昆布　３g
白いりごま　小さじ１

▸漬け汁
しょうゆ　大さじ1と1/3
酒　大さじ1/2
きび砂糖・みりん・米酢　各小さじ１

1. 小鍋に漬け汁の材料を合わせて中火にかけ、さっと煮立たせて火を止める。
2. 大根は薄いいちょう切りにして塩をもみ込み、５分ほどおく。さっとゆでてざるにあげ、水けをしっかり絞る。
3. ポリ袋にすべての材料を入れ、冷蔵庫で２～３時間漬ける。

＊保存の目安は冷蔵で約１週間。

# 3章

# しみじみおいしい乾物・大豆製品で

素材の栄養がギュッと詰まった乾物は、
保存がきくのもうれしいところ。
豆腐をはじめとする大豆製品は、
良質な植物性たんぱく源。
肉や魚の代わりというだけではなく、
ヘルシーさと滋味深さを兼ね備えた、
体にやさしいおつまみになってくれます。

# 1. 麩

焼き麩は、精進料理に
欠かせないたんぱく源。
車麩はグルテンの弾力を生かして
主役級のおつまみに、
ひと口サイズの小町麩は、
おひたしやあえものに。

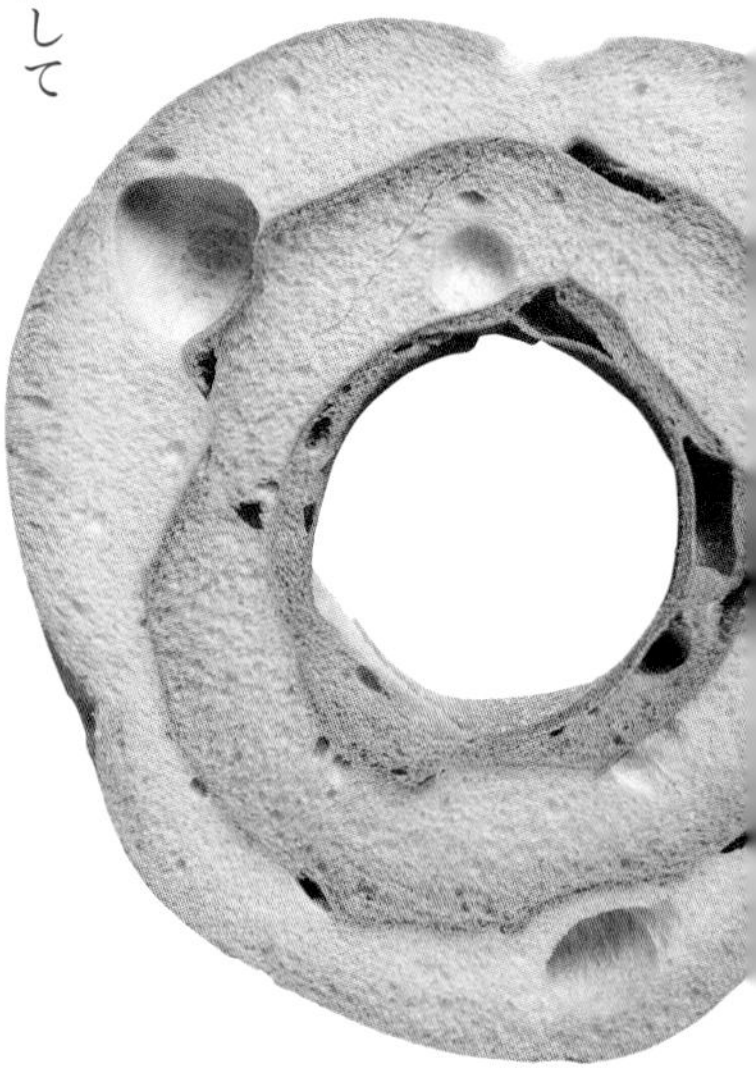

## 車麩の竜田揚げ

**材料**（2人分）
車麩（乾燥）　2枚
▶煮汁
　昆布だし　1カップ
　しょうゆ　大さじ1
　酒・みりん　各大さじ1/2
片栗粉・揚げ油　各適量
粉山椒　少々

1. 車麩は60℃くらいの湯に15分ほどつけてもどし、3～4等分にちぎって水けをしっかり絞る。
2. 鍋に煮汁の材料を入れて中火にかけ、沸騰したら**1**を加え、落としぶたをして煮汁がなくなるまで煮る（**a**）。火を止め、そのまま冷ます。
3. 揚げ油を180℃に熱する。**2**の水けを絞ってひと口大にちぎり、片栗粉をにぎるようにまぶして入れ、カリッとするまで揚げる（**b**）。器に盛り、粉山椒をふる。

a

車麩は揚げる前に煮て、
味をしみ込ませておく。

b

香ばしく色づき、
カリッとするまで揚げる。

外はカリッ、ひと口かむと
中から煮汁がジュワッ！
車麩はあえてランダムにちぎり、
にぎるようにして
片栗粉をまぶすことで、
食感よく揚がります。

台湾の屋台で
人気のルーロー飯を、車麩で。
照りよく煮上がった車麩は、
見た目も豚バラ肉のよう！
五香粉が香る濃厚な甘辛だれに、
ついビールが進みます。

# 車麩のルーロー飯風

**材料**（2人分）
車麩（乾燥）　1枚
片栗粉　大さじ3/4
干ししいたけ　1枚
しょうが（せん切り）　1かけ
油　大さじ1/2
温かいごはん　適量
▶煮汁
　昆布だし・干ししいたけのもどし汁
　　各1/2カップ
　しょうゆ・酒・みりん　各大さじ1
　きび砂糖　小さじ2/3
　甜麺醤　小さじ1/2
五香粉（好みで）　少々
ごま油（香りづけ用）　小さじ1/2

1. 干ししいたけはもどし（p.8参照）、薄切りにする。
2. 車麩は60℃くらいの湯に15分ほどつけてもどし、水けを絞って4等分に切り、厚みを半分に切る。
3. フライパンに油を中火で熱し、**2**に片栗粉をまぶして並べ、両面をカリッと焼く。
4. 鍋に煮汁の材料を入れて中火にかけ、**1**としょうが、**3**を加えて煮汁がとろりとするまで煮る。五香粉をふり、ごま油をまわしかける。
5. 器にごはんを盛り、**4**をかける。

# 小町麩と春菊のごまあえ

**材料**（2人分）
小町麩（乾燥）　10g
春菊　1/2束（80g）
**A**
水　大さじ3
しょうゆ　小さじ1
みりん　小さじ1/2
▶あえ衣
しょうゆ　小さじ1/2
きび砂糖　小さじ1/3
白すりごま　大さじ1/2

**1.** 小鍋に**A**を合わせて火にかけ、さっと煮立たせて火を止める。
**2.** 小町麩をボウルに入れて**1**をまんべんなくまわしかけ、5分ほどおき、軽く手でつぶしてなじませる。
**3.** 春菊は塩ゆでして冷水にとり、水けをしっかり絞って2cm幅に切る。ボウルに入れ、**2**とあえ衣の材料を加えてあえる。

# 小町麩と<br>みつばのおひたし

**材料**（2人分）
小町麩（乾燥）　10g
みつば　1束（40g）
▶漬け汁
昆布だし　120mℓ
薄口しょうゆ・みりん　各大さじ1
ゆずの皮（せん切り）　少々

**1.** 小町麩はぬるま湯に10分ほどつけてもどし、つぶさないようにやさしく水けを絞る。みつばはさっと塩ゆでして冷水にとり、水けを絞って3cm長さに切る。
**2.** 鍋に漬け汁の材料を入れて中火にかけ、さっと煮立たせて火を止め、**1**を10分ほどひたす。
＊半日ほどおくと味がなじむ。保存の目安は冷蔵で3日ほど。食べるときにゆずの皮を添える。

# 2. 切り干し大根

女性にうれしい鉄分や
腸の健康に役立つ食物繊維が豊富。
お酒のアテには、独特の食感を生かした
あえものや漬けものにするのがおすすめです。

## 切り干し大根のはりはり漬け

切り干し大根独特の凝縮した
うまみが生きる、さっぱりとしたお漬けもの。
日本酒のアテにも、箸休めにも。

**材料**（2人分）
切り干し大根（乾燥）　20g
刻み昆布　1g
▶漬け汁
しょうゆ　大さじ1と1/2
米酢　小さじ2
水　大さじ3
きび砂糖　小さじ1
赤唐辛子（小口切り）　1/4本

1. 小鍋に漬け汁の材料を合わせて中火にかけ、さっと煮立たせて冷ます。
2. 切り干し大根は水に15分ほどつけてもどし、ざるにあげて水けを絞る。
3. 保存容器に**1**と**2**、刻み昆布を合わせ、冷蔵庫で2時間以上漬ける。

＊半日ほどおくと味がなじむ。
保存の目安は冷蔵で4～5日。

## 切り干し大根ときゅうりの花椒あえ

大根のポリポリと、きゅうりのシャキシャキ。
歯ざわりよく、サラダ感覚で食べられる一品です。
花椒で、一気にお酒に寄り添う味わいに。

**材料**（2人分）
切り干し大根（乾燥）　20g
きゅうり　1本
▶あえ衣
米酢　大さじ3/4
しょうゆ　大さじ1/2
きび砂糖・ごま油　各小さじ1
花椒　適量

1. 切り干し大根は水に15分ほどつけてもどし、ざるにあげる。鍋に入れて中火にかけ、混ぜながらからいりし、水分をとばす。
2. きゅうりは縦半分に切ってスプーンで種を除き、斜め薄切りにする。塩ひとつまみ（分量外）をまぶして3～4分おき、水けを絞る。
3. ボウルに**1**、**2**を入れ、あえ衣の材料を加えてあえる。

＊保存の目安は冷蔵で3～4日。

切り干し大根と
きゅうりの花椒あえ

切り干し大根の
はりはり漬け

# 3.高野豆腐

地味ながら、滋味深い高野豆腐。
大豆の栄養がぎゅっと凝縮されて、
油とも相性がいいんです。

## 高野豆腐の甘辛スティック

**材料**（2人分）
高野豆腐（乾燥）　1枚
片栗粉　適量
揚げ油　適量
▶甘辛だれ
　きび砂糖　大さじ1
　しょうゆ　大さじ3/4
粉山椒・一味唐辛子　各適量

1. 高野豆腐は60℃くらいの湯に15分ほどつけてもどし、水けを絞って縦4等分に切る。
2. 揚げ油を180℃に熱し、**1**に片栗粉をまぶして入れ、カリッとするまで揚げる。
3. フライパンにたれの材料を合わせて弱火で熱し、砂糖を溶かす。**2**を加えてからめ、器に盛り、粉山椒と一味唐辛子をふる。

**a**

カリッと揚げた高野豆腐を、
甘辛いたれにからめる。

カリッと揚げた高野豆腐に
甘辛だれをからめれば、満足感はあるのに
罪悪感のないおつまみに。
そのままおやつにも、山椒と一味で大人味にも。

# 高野豆腐のエビチリ風

**材料**（2人分）
高野豆腐（乾燥）　1枚
なす　1本
片栗粉　小さじ2
揚げ油　適量
**A**
- しょうが（みじん切り）　1と1/2かけ
- 干ししいたけ（p.8を参照してもどし、みじん切り）　小1枚
- 豆板醤　小さじ1/3

ごま油　小さじ1
**B**（混ぜる）
- トマトケチャップ・干ししいたけのもどし汁　各大さじ2
- 酒　大さじ1
- きび砂糖・米酢・しょうゆ　各小さじ1
- 塩・こしょう　各適量

1. 高野豆腐は60℃くらいの湯に15分ほどつけてもどし、水けを絞る。厚みを半分に切ってから6等分に切り、片栗粉をまぶす。なすは縦半分に切ってから斜め4～5等分に切る。
2. 揚げ油を180℃に熱して**1**を入れ、高野豆腐はカリッとするまで、なすはこんがり焼き色がつくまでそれぞれ揚げる。
3. フライパンにごま油を中火で熱して**A**を炒め、香りが立ったら**2**を加える。**B**を加えてからめ、味を見て、必要なら塩（分量外）で味をととのえる。

精進のおつまみでは、
にんにくを使わない分
ゆずこしょうで味と香りにパンチを！
白ごまをふったり、
パスタにからめて食べても美味。

# 4. ひじき

カルシウムや食物繊維が
豊富なひじき。
さっと炒めたりあえたりすることで、
気軽なおつまみになります。

## ひじきとピーマンの<br>ゆずこしょうペペロンチーノ

**材料**（2人分）
芽ひじき（乾燥）　10g
ピーマン　2個
塩昆布　4g
ゆずこしょう　小さじ1
オリーブ油　小さじ1
白すりごま　大さじ1/2
塩・こしょう　各少々

1. ひじきは水に10分ほどつけてもどし、ざるにあげて水けをきる。ピーマンは横にせん切りにする。
2. フライパンにオリーブ油を中火で熱し、**1**を炒める。油がまわったらゆずこしょうを加えて混ぜ、塩昆布、ごまを加え、塩、こしょうで味をととのえる。

# ひじきの梅煮

**材料**（2人分）
芽ひじき（乾燥）　10g
生しいたけ　2枚
しょうが（せん切り）　1かけ
油　小さじ2/3
**A**（混ぜる）
　酒・みりん　各大さじ1
　きび砂糖・しょうゆ　各小さじ2/3
　梅干し（種を除いてたたく）　大1個

**1.** ひじきは水に10分ほどつけてもどし、ざるにあげて水けをきる。しいたけは半分に切ってから薄切りにする。

**2.** 鍋に油を中火で熱し、**1**としょうがを炒める。油がまわったら**A**を加え、混ぜながら汁けがなくなるまで煮る。

ひじきの磯くささを、
梅の風味としいたけのうまみが
消してくれます。
青じそやのりに巻いて食べるのも
おすすめです。

# 5. 厚揚げ・豆腐

厚揚げや豆腐も、
精進料理には欠かせない存在。
厚揚げは油のコクを生かして、
ボリューム感のある
おつまみに仕立てました。
豆腐は、お酒を誘う白あえに。

## 厚揚げ高菜餃子

**材料**（作りやすい分量／18～20個分）

▶ あん
- 厚揚げ（木綿）　1/4枚（50g）
- れんこん　80g
- 生しいたけ　50g
- 高菜漬け　25g
- 青じそ　6枚
- しょうが　1と1/2かけ
- しょうゆ・ごま油　各小さじ1
- 塩　ひとつまみ
- こしょう　少々
- 片栗粉　大さじ1と1/2

餃子の皮　18～20枚
ごま油　大さじ1/2＋大さじ1/2

---

**［黒酢しょうゆ］**
黒酢としょうゆを1：1の分量で混ぜ合わせる。

**［コチュジャン酢みそ］**
白みそ小さじ2、コチュジャン・ごま油・しょうゆ・米酢各小さじ1、きび砂糖小さじ2/3を混ぜ合わせる。

1. 厚揚げはキッチンペーパーで水けをふく。れんこん50g、しいたけ、高菜、青じそ、しょうがはみじん切りにする。れんこん30gはすりおろす。
2. ボウルに**1**と残りのあんの材料を入れ、厚揚げをつぶすようによくこねる。餃子の皮に等分にのせ（**a**）、ひだを寄せながら包む。
3. フライパンにごま油大さじ1/2を中火で熱し、**2**を並べる。少し焼き色がついたら餃子の1/3の高さまで熱湯を注ぎ、ふたをして水分がなくなるまで5分ほど蒸し焼きにする。
4. ふたをとってごま油大さじ1/2をまわしかけ（**b**）、焼き色がついてカリッとするまで焼く。

＊好みで黒酢しょうゆや、コチュジャン酢みそ（左記参照）をつけていただく。

**a**

みじん切りのれんこんや高菜漬けが
食感や風味のアクセント。

**b**

仕上げにごま油をまわしかけ、
香りよく焼き上げる。

うまみとボリューム感のある
厚揚げが、ひき肉がわり。
絹揚げだと
水っぽくなってしまうので、
木綿を使ってください。
こんがり、パリッと焼き、
2つのたれを添えて。

# ザーサイと大根、香菜の白あえ

**材料**（2人分）
塩漬けザーサイ　20g
紫大根（または大根）　30g
香菜　2本（15g）
▶あえ衣
豆腐（軽く水けをきったもの）　50g
ごま油　大さじ1/2
白すりごま　小さじ1
花椒　適量
塩　ひとつまみ
こしょう　少々

1. ザーサイは薄切りにし、水に15分ほどつけて塩抜きし、水けをきって粗みじん切りにする。大根は薄いいちょう切りにして塩少々（分量外）をもみ込み、2～3分おいて水けを絞る。香菜は2cm幅に切る。
2. ボウルにあえ衣の材料を入れて泡立て器でなめらかになるまで混ぜ、**1**を加えてあえる。

# いちじくの白あえ

**材料**（2人分）
いちじく　小4個（200g）
▶あえ衣
絹ごし豆腐　50g
白みそ　10g
きび砂糖・白ごまペースト
　各小さじ1/3
レモン汁　小さじ1

1. いちじくは薄く皮をむき、食べやすい大きさのくし形切りにする。
2. ボウルにあえ衣の材料を入れて泡立て器でなめらかになるまで混ぜ、**1**を加えてあえる。

# かいわれ大根といぶりがっこの白あえ

**材料**（2人分）
かいわれ大根　小1パック（30g）
いぶりがっこ　30g
▶あえ衣
豆腐（軽く水けをきったもの）　50g
ごま油　大さじ1/2
塩　ひとつまみ
こしょう　少々

1. かいわれは根元を切り落とし、長さを半分に切る。いぶりがっこはせん切りにする。
2. ボウルにあえ衣の材料を入れて泡立て器でなめらかになるまで混ぜ、**1**を加えてあえる。

ザーサイの塩けと、
花椒の香りが味の決め手。
紫大根を使うと、ハッと
目を惹く色合いになります。

まったりと濃厚なあえ衣が、
いちじくの甘さによく合います。
色合いのコントラストも美しく、
おもてなしにも喜ばれそう。

かいわれのピリッとした辛みと、
いぶりがっこの
スモーキーな香りが飲ませる、
大人の白あえ。

ごま油で風味づけした
ほろ苦いゴーヤーを、
おからがまろやかに包みます。
ゴーヤーのかわりに、
ピーマンやゆで青菜でも。

## 6. おから

私が使っているのは、
お豆腐屋さんの
しっとりした生おから。
日持ちしないので、
小分けにして冷凍しておくと便利です。

### ゴーヤーのおからあえ

**材料**（2人分）
ゴーヤー　1/4本（70g）
ごま油　小さじ2/3
塩　適量
▶おから衣
おから（からいりしたもの。p.75参照）
　大さじ1と1/2
ごま油・黒酢　各小さじ1
しょうゆ　小さじ1/2
花椒　適量

1. ゴーヤーは縦半分に切って種とわたを除き、薄切りにする。塩ひとつまみをまぶして5分ほどおき、さっとゆでてざるにあげ、水けをきる。
2. フライパンにごま油を中火で熱し、**1**をさっと炒め、塩少々をふる。
3. ボウルに衣の材料を合わせ、**2**を加えてあえる。

こちらはバルサミコ酢と
オリーブ油で洋風に。
スパイシーで、ビールが恋しくなる
味わいです。アクセントに、
パリパリのアーモンドを散らして。

# かぼちゃのおからあえ

**材料**（2人分）
かぼちゃ　80g
オリーブ油　小さじ1
▶おから衣
　おから（からいりしたもの。memo 参照）
　　大さじ1と1/2
　オリーブ油・バルサミコ酢　各小さじ1
　カレー粉　少々
　塩　適量
スライスアーモンド（ロースト）　大さじ1

1. かぼちゃは皮つきのまま、5mm の厚さの食べやすい大きさに切る。フライパンにオリーブ油を中火で熱し、かぼちゃを並べて両面をこんがりと焼く。
2. ボウルに衣の材料を合わせ、**1** を加えてあえる。器に盛り、アーモンドを散らす。

**memo**

## おからのからいり

生おからはフライパンに入れて弱めの中火にかけ、木べらで混ぜながら炒めて写真のようなサラサラの状態にする。しっかり水分をとばせば冷蔵で3〜4日保存できる。サラダにふったり、焼き野菜やゆで野菜とあえて使える。

# 7. 大豆ミート

高たんぱくでありながら、
低脂質・低カロリー。
肉にはない食物繊維も豊富で、
腸内環境改善に役立ちます。

黒酢だれにからめて照りよく仕上げれば、
見た目も味わいも、まさに酢豚！
れんこんのサクッとした食感と、
フォルムも◎。

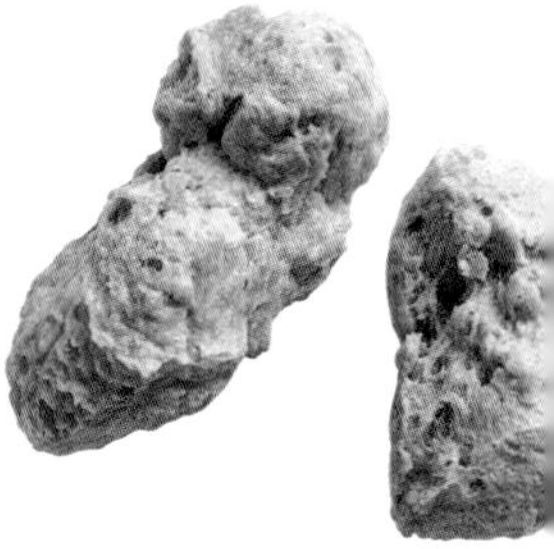

## 大豆ミートの黒酢酢豚風

**材料**（2人分）

大豆ミート（ブロックタイプ）　30g

**A**

- 水　3/4カップ
- しょうゆ　大さじ1/2
- みりん　小さじ1
- おろししょうが　1かけ分

片栗粉・揚げ油　各適量

れんこん　70g

▶黒酢だれ

- 黒酢　大さじ1と1/2
- きび砂糖　大さじ1
- しょうゆ　小さじ2

粉山椒　適量

1. 大豆ミートはたっぷりの熱湯に15分ほどつけてもどし、水けを絞る（p.77参照）。
2. 鍋に**A**を合わせて中火にかけ、**1**を加えて落としぶたをし、煮汁がなくなるまで煮る。そのまま冷まし、汁けを軽く絞って片栗粉をまぶす。
3. 揚げ油を180℃に熱し、**2**をカラリとするまで揚げる。れんこんはひと口大に切り、同じ油でうっすら色づくまで揚げる。
4. フライパンにたれの材料を合わせて中火にかけ、**3**を加えてからめる（**a**）。器に盛り、粉山椒をふる。

**a**

全体に黒酢だれをからめ、
照りよく仕上げる。

# 大豆ミートのヤンニョムチキン風

**材料**（2人分）
大豆ミート（ブロックタイプ）　30g
**A**
水　3/4カップ
しょうゆ　大さじ1/2
みりん　小さじ1
おろししょうが　1かけ分
片栗粉・揚げ油　各適量
▶ヤンニョムだれ
コチュジャン・トマトケチャップ　各大さじ3/4
しょうゆ　小さじ2/3
酒　大さじ1
きび砂糖　小さじ1/2
白すりごま　小さじ1

**1.** 大豆ミートはたっぷりの熱湯に15分ほどつけてもどし、水けを絞る（**a**）。
**2.** 鍋に**A**を合わせて中火にかけ、**1**を加え、落としぶたをして煮汁がなくなるまで煮る。そのまま冷まし、汁けを軽く絞って片栗粉をまぶす。
**3.** 揚げ油を180℃に熱し、**2**をカラリとするまで揚げる。
**4.** フライパンにたれの材料を合わせて中火にかけ、**3**を加えてからめる。器に盛り、ごまをふる。

**a**

大豆ミートを手で
にぎってしっかりと水けを絞る。

大豆ミートは、まわりを油で
カリッとさせることで
食感よく、食べごたえもアップ。
甘辛のヤンニョムだれは、
冷めてもおいしい。

粗くすりおろしたにんじんを加えた南蛮だれは、甘みと酸味が絶妙。大豆の風味が生きるテンペに、よくからみます。ピーナッツのカリッとした食感がアクセント。

# 8. テンペ

テンペは、インドネシア発祥の大豆の発酵食品。栄養価の高いスーパーフードとしても注目されています。

## テンペのにんじん南蛮あえ

**材料**（2人分）

テンペ　1パック（100g）
片栗粉　適量
油　大さじ1/2
▶にんじん南蛮だれ
　にんじん（粗めのすりおろし）　60g
　みそ・黒酢　各小さじ2
　油・きび砂糖　各小さじ1
塩　少々
イタリアンパセリ（粗みじん切り）　2〜3本
ピーナッツ（粗く刻む）　大さじ1

**1.** テンペは半分に切ってから5mm幅に切り、片栗粉を薄くまぶす。フライパンに油を熱してテンペを並べ、両面をカリッと焼く。

**2.** ボウルにたれの材料を入れてゴムべらで混ぜ、**1**を加えてあえる。塩で味をととのえ、器に盛り、イタリアンパセリとピーナッツを散らす。

# テンペと長いもの照り焼き

みっちりと大豆が詰まったテンペは、
長いもと合わせるとホクホク感が増し、
食べやすくなります。
照り焼き味は、レモンサワーなど
すっきりとしたお酒と相性抜群。

**材料**（2人分）
テンペ　1パック（100g）
長いも　60g
片栗粉　適量
油　大さじ1/2
▶照り焼きだれ（混ぜる）
｜しょうゆ・みりん　各大さじ1
｜きび砂糖　小さじ1
｜一味唐辛子　少々
粉山椒　少々

**1.** テンペは半分に切ってから1cm幅に切る（**a**）。長いもはテンペの大きさに合わせて切る。それぞれ薄く片栗粉をまぶす。

**2.** フライパンに油を熱して**1**を並べ、両面をカリッと焼く。たれをまわしかけ、木べらでからめる。器に盛り、粉山椒をふる。

a

テンペは1cm幅×3〜4cm長さの棒状に切る。

# 作りおきできる〝おかずの素〟で

## 肉みそもどき

日持ちのする〝おかずの素〟を冷蔵庫に常備しておけば、おつまみも〆もあっという間。人が集まるときにもさっと出せて喜ばれます。

コクのある厚揚げとしいたけをひき肉に見立てました。加熱した納豆独特のうまみも利用して、深い味わいに仕上げます。フードプロセッサーにかけすぎず、厚揚げをそぼろ状にとどめるのがポイント。

**arrange 1_ 肉みそ春巻き**
濃厚な味わいの肉みそに、しそがふわりと香って、ついビールが進む春巻きです。

**arrange 2_ 肉みそチャーハン**
パラリと仕上がる玄米で。漬けものを入れるのもポイントです。つまみにはスモーキーな香りのいぶりがっこがおすすめ。

# 肉みそもどき

＊保存の目安は冷蔵で３～４日。
［ほかにも］ レタスで巻いて／焼きうどんの具に／ごはんにかけて丼に

**材料**（作りやすい分量）
厚揚げ（木綿） 1枚（200g）
生しいたけ 3枚
納豆 1パック（50g）
しょうが（みじん切り） 2かけ
ごま油 大さじ1/2
豆板醤 小さじ1/3
**A**（混ぜる）
　酒 大さじ2
　みそ・甜麺醤 各大さじ1
　しょうゆ 小さじ2

**1.** 厚揚げはキッチンペーパーで水けをふき、ひと口大に切る。しいたけは4等分に切る。合わせてフードプロセッサーに入れ、粗めのそぼろ状にする（攪拌しすぎるとペースト状になってしまうので注意）。

**2.** フライパンにごま油と豆板醤を中火で熱し、香りが立ったらしょうがと**1**、納豆を加えて炒める。**A**を加えて炒め合わせる。

---

arrange 1

## 肉みそ春巻き

**材料**（4本分）
肉みそもどき 140g
青じそ 8枚
春巻きの皮 小4枚
揚げ油 適量

**1.** 春巻きの皮1枚に青じそ2枚をのせ、肉みそもどきの1/4量をのせて巻く。巻き終わりは小麦粉を同量の水で溶いたのり（分量外）でとめる。残りも同様に巻く。

**2.** フライパンに揚げ油を3cmほど注いで180℃に熱し、**1**をこんがりとしたきつね色になるまで揚げる。

arrange 2

## 肉みそチャーハン

**材料**（2人分）
玄米ごはん（またはごはん） 160g
肉みそもどき 80g
好みの漬けもの（いぶりがっこ、高菜漬け、たくあんなど） 20g
しょうゆ 大さじ1/2
ごま油 小さじ1
香菜（刻む） 適量

**1.** フライパンにごま油を中火で熱し、ごはんを炒める。油がまわったら肉みそもどき、漬けものを加えてしょうゆをまわし入れ、炒め合わせる。

**2.** 器に盛り、香菜をのせる。

# 豆腐タプナード

本来ならオリーブとアンチョビー、にんにくなどを使うタプナードを精進風に、豆腐ベースで仕上げました。白みそとピーナッツペーストが、コクと深みをもたらします。

arrange 1_ **野菜スティック 豆腐タプナード添え**

シンプルですが、カラフルな野菜を組み合わせれば、それだけで食卓が華やぐ前菜になります。乾杯のおともにぜひ！

arrange 2_ **おつまみサンドイッチ**

豆腐タプナードにピクルスの酸味とディルの香りをプラス。白ワインにぴったりのサンドイッチです。

# 豆腐タプナード

**材料**（作りやすい分量）
木綿豆腐（軽く水けをきる）　100g
グリーンオリーブ（種なし）　30g
白みそ　小さじ2
ピーナッツペースト（無糖）　小さじ1
オリーブ油　小さじ1
塩　適量

1. すべての材料をフードプロセッサー（またはミキサー）に入れ、なめらかになるまで攪拌する。

＊保存の目安は冷蔵で3～4日。
［ほかにも］　パンやクラッカーにのせて／焼き野菜や蒸し野菜につけて

---

arrange 1

## 野菜スティック 豆腐タプナード添え

**材料と作り方**（作りやすい分量）

1. 好みの野菜（きゅうり、ラディッシュ、紫大根、セロリ、コリンキーなど）各適量を食べやすく切って器に盛り、豆腐タプナードを添える。

**memo**

### ピクルス（作りやすい分量）

1. きゅうり、パプリカ、にんじん合わせて200gは食べやすい大きさに切り、塩4g（重量の2%）をふって混ぜる。10分ほどおき、水けをふいて耐熱の保存容器に入れる。
2. 小鍋に米酢・白ワイン各大さじ4、水大さじ6、きび砂糖大さじ2/3、塩小さじ1、ローリエ1枚、赤唐辛子1本を入れて火にかけ、ひと煮立ちさせる。**1**に加えて粗熱をとり、冷蔵庫でひと晩漬ける。

＊保存の目安は冷蔵で約3週間。

arrange 2

## おつまみサンドイッチ

**材料**（2人分）
食パン（8枚切り）　2枚
豆腐タプナード　60g
ピクルス（memo参照。市販品でもよい）　30g
ディル（刻む）　小さじ1
粒マスタード　適量

1. ピクルスは水けをきって粗みじん切りにし、豆腐タプナード、ディルと混ぜ合わせる。
2. 食パン1枚の片面に**1**をのせ、もう1枚の片面に粒マスタードを塗り、はさむ。食べやすく切る。

# みぞれ南蛮

大根おろしたっぷりの南蛮だれは、あえものに、冷ややっこにと大活躍で、大根 ２００gがあっという間になくなってしまいます。加熱しているので日持ちもして重宝。唐辛子をピリッと効かせて。

arrange 1_ **焼ききのこのみぞれ南蛮あえ**
水分が抜けたきのこは、うまみが凝縮。さっぱり南蛮だれに、すだちを香らせます。

arrange 2_ **みぞれ南蛮そば**
だしのような深いうまみで、つい日本酒がほしくなる！　日本そばのほか、そうめん、うどんとあえてもおいしい。

# みぞれ南蛮

＊保存の目安は冷蔵で５～６日。
［ほかにも］ 冷ややっこにかけて／焼き野菜とあえて／しょうゆがわりに納豆と混ぜて

**材料**（作りやすい分量）
大根　200g
**A**
しょうゆ　大さじ１と3/4
酒・みりん　各大さじ１
米酢　大さじ1/2
ごま油　小さじ１
赤唐辛子（小口切り）　1/4本

**1.** 大根はひと口大に切り、フードプロセッサーで粗くすりおろした状態にする。
**2.** フライパンに**1**を入れ、**A**を加えて混ぜる。中火にかけ、汁けがほとんどなくなるまで煮る。

arrange 1

## 焼ききのこのみぞれ南蛮あえ

**材料**（2人分）
好みのきのこ（まいたけ、生しいたけなど）
　合わせて120g
みぞれ南蛮　大さじ３～４
油　小さじ１
すだち（薄い半月切り）　２枚

**1.** まいたけは食べやすい大きさにさく。しいたけは食べやすい大きさに切る。フライパンに油を中火で熱し、きのこをこんがりと焼いて火を通す。
**2.** **1**をボウルに入れ、みぞれ南蛮を加えてあえる。器に盛り、すだちを添える。

arrange 2

## みぞれ南蛮そば

**材料**（2人分）
そば（乾麺）　100g
みぞれ南蛮　大さじ７
刻みのり・練りわさび　各適量

**1.** そばは袋の表示通りにゆでて冷水にとり、ざるにあげて水けをきる。
**2.** ボウルに入れ、みぞれ南蛮を加えてあえる。器に盛り、のりをのせてわさびを添える。

# 調理法別さくいん

## あえもの 酢のもの



## おひたし



## マリネ サラダ



## 炒めもの 酒煎り



## 焼きもの

## さっと煮 蒸し煮 ゆで



## 揚げもの さっと揚げ



## ディップ ペースト おかずの素



## 漬けもの 即席漬け



## スープ 汁もの



## ごはん 麺 パン

## 尾崎史江（おざき・ふみえ）

料理家。故郷・岐阜のお寺の厨房で精進料理を学び、旬菜の力強い味わいや香り、乾物の滋味深さに魅了される。現在は「食堂いちじく」の名で活動し、料理教室やケータリング、飲食店のメニュー開発などを通じて精進料理の魅力を紹介する。発酵食品やだし、油のコクとうまみを上手に使った料理は、従来の淡泊な精進料理のイメージを覆すハッとするおいしさ。季節の移ろいを大切にした、彩りの美しさにも定評がある。著書に『食堂いちじくの精進弁当』（エムディエヌコーポレーション）、『食堂いちじくの精進おかず』（東京書籍）。Instagram @shokudo_ichijiku



デザイン _ 福間優子
撮影 _ 竹内章雄
スタイリング _ 駒井京子
調理アシスタント _ 田邊幸恵
校閲 _ 滄流社
取材・編集 _ 山村奈央子

# 食堂いちじくの
# 精進おつまみ

著　者　尾崎史江
編集人　足立昭子
発行人　倉次辰男
発行所　株式会社主婦と生活社
〒104-8357　東京都中央区京橋3-5-7
Tel. 03-3563-5321（編集部）
Tel. 03-3563-5121（販売部）
Tel. 03-3563-5125（生産部）
https://www.shufu.co.jp
ryourinohon@mb.shufu.co.jp
製版所　東京カラーフォト・プロセス株式会社
印刷所　TOPPAN 株式会社
製本所　株式会社若林製本工場
ISBN978-4-391-16149-6